Dans la même collection

Le plaisir des mots
Le livre de tous les pays
Le livre de la Bible
(Ancien et Nouveau Testament)
Le livre de la mythologie grecque
et romaine
Le livre des religions
Le livre des animaux sauvages
Le livre des sports

1 Le livre des fleurs
2 Le livre de la tour Eiffel
3 Le livre de la peinture
et des peintres
4 Le livre des découvertes
et des inventions
5 Le livre de l'hiver
6 Le livre de l'automne
7 Le livre du printemps
8 Le livre de l'été
9 Le livre des marins
10 Le livre de mon chat
11 Le livre de la montagne
12 Le livre du ciel
13 Le livre de tous mes amis
14 Le livre de tous les jours
15 Le livre du cheval
16 Chansons de France /1
18 Le livre des premiers hommes
19 La mode à travers les siècles
20 Le livre des maisons du monde
21 Le livre des arbres
22 Le livre des oiseaux
23 Le livre des bords de mer
24 Le livre de la langue française
25 Le livre de l'histoire de France
26 Le livre de tous les Français
27 Le livre des trains
29 Chansons de France
et d'ailleurs
30 Le livre du fleuve
32 Le livre du corps
34 De bouche à oreille
35 Chansons de France /2
36 Les uniformes militaires
37 Le livre des grands voiliers
38 Le livre des fous volants
39 Le livre de la forêt
40 Le livre des champignons
41 Le livre des conquérants
42 Le livre du livre
43 Le livre des déserts
45 Le livre des conquérants
de l'espace
47 Le livre des amphibiens
et des reptiles
48 Le livre des as et des héros
49 Le livre du chien
50 Le livre des navigateurs
51 Le livre du café
52 Le livre des instruments
de musique
53 Les costumes traditionnels
54 Le livre des pilotes de l'enfer
55 Le livre des mammifères marins
57 Le livre des explorateurs
58 Le livre des animaux
domestiques
59 Le livre de Paris /2
60 Le livre des insectes
62 Le livre de la préhistoire
65 Le livre de l'aventure humaine
66 Le livre des marchands
67 Le livre de la ville
69 Le livre des fêtes
70 Le climat de notre planète
71 L'eau de notre planète
72 Les forêts de notre planète
73 Les déchets sur notre planète
74 Se nourrir sur notre planète
75 Les animaux de notre planète
76 Les trésors de notre sous-sol
77 L'énergie sur notre planète
78 Le livre de Paris

1er dépôt légal : novembre 1986
Dépôt légal : février 1996
N° d'édition : 75200
ISBN 2-07-059404-1
Loi n° 49-956 du 16 juillet 1949 sur les publications destinées à la jeunesse
Imprimé par la Editoriale Libraria en Italie

LE LIVRE DES MAISONS DU MONDE

COLLECTION DECOUVERTE CADET

Texte de Théodore Kalopissis

GALLIMARD

L'architecture est le jeu savant,
correct et magnifique
des volumes assemblés
sous la lumière.

Le Corbusier

Ce livre appartient à
....

L'abri primitif et les premiers campements

Quand une chose répond à un besoin, elle est belle.
Le Corbusier

Les hommes préhistoriques, pour se protéger des animaux sauvages et des intempéries, s'abritent dans des cavernes ou des abris-sous-roche qu'ils ferment par des branchages et dont ils recouvrent parfois les murs de peinture représentant le plus souvent des animaux.

La découverte du feu, comme celle des rudiments techniques de construction, marque les débuts de l'habitat proprement dit.

Terra Amata est l'un des sites d'habitation les plus anciens découverts

Abri-sous-roche, simple halte de chasse ou habitation saisonnière de l'homme de Cro-Magnon.

en Europe. Le périmètre des huttes des chasseurs d'éléphants (faites de branches entrelacées) est délimité par de grosses pierres et le sol recouvert soit de galets, soit de peaux. Un foyer de 30 à 50 cm de diamètre est creusé dans le sable.

Plus tard, les chasseurs nomades découvrent de nouvelles techniques de construction qui leur permettent de créer des campements permanents beaucoup plus élaborés où ils reviennent chaque hiver après les dernières cueillettes.

Ces premiers campements forment de petites communautés familiales et s'entourent d'une palissade de bois, protection sommaire contre d'éventuelles attaques animales.

Terra Amata il y a 400 000 ans.

Grotte de la Betche-aux-Roches, Spy (Belgique).

Les maisons d'écorce (d'orme ou de bouleau) des Indiens Iroquois pouvaient atteindre 50 m de long sur 6 m de large et abritaient plusieurs familles d'un même clan.

Les maisons sur pilotis

Maison de roseaux géants ou mudhif dans les marais qui s'étendent entre le Tigre et l'Euphrate (Iraq) .

Dans les régions où les terres ne sont pas fertiles, les hommes primitifs, quittant l'abri des grottes, se rapprochent des lacs ou des rivières, y construisent leurs maisons de bois ou de roseaux en bordure des plans d'eau et créent de petites communautés.

Ces villages assurent une défense contre les animaux sauvages et contre les autres groupes humains ennemis tout en facilitant la pêche, ressource essentielle et complément indispensable des produits de la cueillette sur le littoral.

Les habitants utilisent des embarcations de peaux cousues et tendues

sur une armature de bois avant d'en construire en rondins de bois habillés de gerbes de roseaux. Encore plus tard, ils utiliseront des pirogues monoxyles, c'est-à-dire creusées dans une seule pièce de bois.

Par la suite, sachant pratiquer la culture et l'élevage, ils reviendront sur la terre ferme et y construiront des maisons de pierre.

Aujourd'hui, les cités lacustres sont construites dans les vastes régions marécageuses et dans les zones de deltas.

Village lacustre
au Bénin.

Il avait fait chaud, les lacustres reposaient dehors, au frais, et quelques-uns seulement s'occupaient à réparer les armes à construire des meubles, à moudre...

J. H. Rosny

Maison lacustre
de Papouasie-Nouvelle-Guinée.

Les nomades et leurs maisons mobiles

Armature de bois d'une yourte mongole.

Partout dans le monde, les tribus nomades ont inventé des abris transportables ou à reconstruire à chaque halte.

Les premiers nomades connus sont les Scythes. Ils se déplacent sur les grandes étendues du sud de l'actuelle Russie. Ils fabriquent leurs tentes sous les arbres dont ils taillent les branches en forme de parapluie avant de les recouvrir de branchages.

Les huttes-traîneaux des bergers bulgares sont tirées par plusieurs paires de bœufs.

Chariot cambodgien.

Plus tard, les Tartares et les Mongols, perfectionnant leur mode de vie, tirent des cuisines ambulantes dans leurs voyages à travers l'Asie centrale et une partie de l'Europe. On raconte que la tente dans laquelle Kubilay Khan donna audience à Marco Polo pouvait abriter 10 000 soldats...

En fait, le camp tout entier, composé d'une multitude de tentes, paraît n'en faire qu'une.

Roulotte à l'origine, la maison-luge du berger lui permet de transhumer avec son troupeau. Elle est spacieuse et conçue pour qu'il puisse y coucher, y entreposer le lait de ses chèvres et également y faire du feu, la fumée s'échappant par la porte entrebâillée.

Tente mongole faite d'une charpente de bois recouverte de feutre huilé.

La porte de cette maison de berger s'ouvre horizontalement pour protéger son occupant des loups.

Les maisons flottantes

Et les maisons du village
S'éloignent à la dérive
Tels des navires perdus
Qui n'accostent nulle part.

Yves Gasc

Sur le Yang-tseu-kiang, ou fleuve Bleu, naviguent de nombreuses communautés à bord de sampans.

Depuis les temps les plus reculés les hommes habitent sur l'eau.

L'arche de Noé, la plus ancienne embarcation connue, permit à Noé d'accueillir et de protéger un couple de chaque espèce vivant sur la Terre de façon à sauver l'humanité du Déluge.

Vers l'an 1500, Magellan découvrant l'archipel des Philippines parle déjà des villages flottants. Il s'agit, sans

Là tremblent dans l'azur
les muettes étoiles ;
Là dort le mât penché,
dépouillé de ses voiles ;
Là quelques pauvres matelots
Sur le pont d'un esquif
qu'a fatigué la lame,
De leurs foyers flottants
ont rallumé la flamme,
Et vont se reposer des flots.

Alphonse de Lamartine

doute, des embarcations des pêcheurs Baju qui y vivent encore aujourd'hui.

En Extrême-Orient, de nombreux nomades maritimes se déplacent à la recherche de poissons, de coquillages et de crustacés. Lorsque la saison de la pêche se termine, ils redeviennent momentanément sédentaires et se regroupent dans des villages souvent bâtis sur pilotis.

En Chine se développent dans les ports et les estuaires des villes entières formées de centaines d'embarcations.

A Hongkong, île du sud de la Chine, une grande partie de la population habite sur des jonques ou des barques car le territoire est bien trop petit pour héberger tout le monde.

On voit également des péniches à Paris, à Amsterdam et le long de tous les grands cours d'eau. Elles servent au transport des marchandises et aussi d'habitat pour les mariniers.

Jonques de Hongkong.

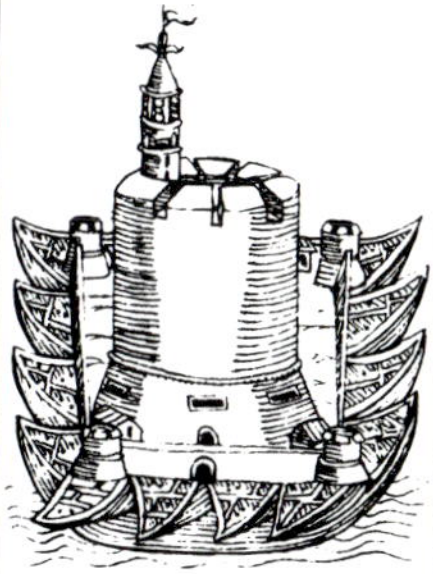

Château fort flottant de la Chine ancienne (d'après une gravure du XVIe s.).

Embarcation badjao de l'archipel de Sulu, près de Bornéo.

Les maisons dans les arbres

Arbre mort transformé en habitation (Chine).

Déjeuner en terrasse (Chine ancienne).

Avant d'être le refuge des animaux et des hommes, les arbres étaient, dit-on, la demeure privilégiée des dieux : Zeus habitait le tronc creux d'un vieux chêne.

Le désir des hommes d'habiter les arbres s'explique en partie par le plaisir de voir le paysage le plus vaste possible à l'abri d'un feuillage qui filtre les chauds rayons du soleil. Mais il se justifie surtout par la protection que les hautes branches assurent contre les animaux sauvages et les ennemis éventuels.

On raconte que, dans l'Antiquité chinoise, les rois n'avaient pas de palais, vivant en hiver dans des grottes qu'ils faisaient aménager et, en été, dans les arbres.

J'allai aux
cerisiers en fleur
je dormis sous eux
tel fut mon loisir.
Haïku

Merlin l'Enchanteur, le héros de la légende du roi Arthur, vivait dans un vieil arbre en compagnie d'un loup.

Au tout début de ce siècle, dans la région parisienne, des restaurants arboricoles se sont ouverts où les Parisiens aisés allaient déjeuner dans les branches. Le premier de ces restaurants portait le nom de *Robinson* qu'il donna plus tard au village.

En Afrique et en Océanie, des familles entières habitent encore dans des maisons arboricoles, sur de vastes plates-formes. A plusieurs mètres de hauteur, les hommes se mettent à l'abri des nuées de moustiques qui volent au ras de l'eau dans les deltas humides.

Habitat des Indiens du fleuve Orénoque, au Venezuela, au XIXe siècle.

T'es fou
Tire pas
C'est pas des
corbeaux
C'est mes souliers
Je dors parfois
dans les arbres.
Paul Vincensini

Les maisons de toits en Chine

Ferme en terre cuite (IIe s. av. J.-C.)

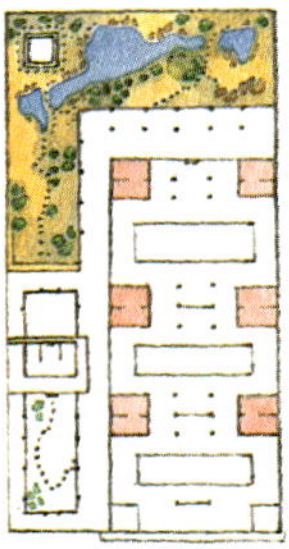

Plan d'une maison du XVIIIe s.

Avant notre ère, l'apparition du fer permet la production d'outils et donc le travail du bois. Les Chinois entreprennent très tôt la construction de superbes charpentes. Celles-ci évolueront mais resteront le fait le plus remarquable de leur architecture.

Les maisons sont en général construites autour d'une cour intérieure dans les villes et au milieu d'un jardin clos de murs dans les campagnes. Le rôle de la végétation, le soin porté à chaque plante, l'importance des fleurs et des jardins font partie de l'habitat chinois.

Les classes dominantes se font construire de vastes résidences au milieu de jardins, véritables paysages artificiels. Les villas aux couleurs raffinées sont constituées de plusieurs ailes couvertes de longues toitures de tuile vernissée.

Plusieurs toits sont parfois surperposés afin d'assurer une meilleure protection contre la chaleur et les pluies qui peuvent être très abondantes. Le nombre de toits indique également la richesse du propriétaire et même, dit-on, empêche les mauvais esprits d'entrer dans la maison.

Une maison appartient autant à celui qui la regarde qu'à celui qui l'habite.

Proverbe chinois

Les maisons de bois et de papier au Japon

La maison japonaise traditionnelle est faite exclusivement de bois et de papier. Ce mode de construction est parfaitement adapté à un pays où les tremblements de terre sont fréquents et meurtriers ; en cas de séisme, il permet à la maison de se déformer, de se démanteler, de s'écrouler à la rigueur, mais la légèreté des matériaux atténue les conséquences dramatiques.

La maison se compose de deux parties. La première, appelée cour intérieure dont le sol est en terre battue, comprend l'entrée, la cuisine, le bain, le puits et divers espaces de rangement. La seconde, surélevée par un plancher recouvert de nattes, constitue la partie noble de l'habitation. On s'y déplace sans chaussures, on y dort à même le sol et on y mange assis en tailleur.

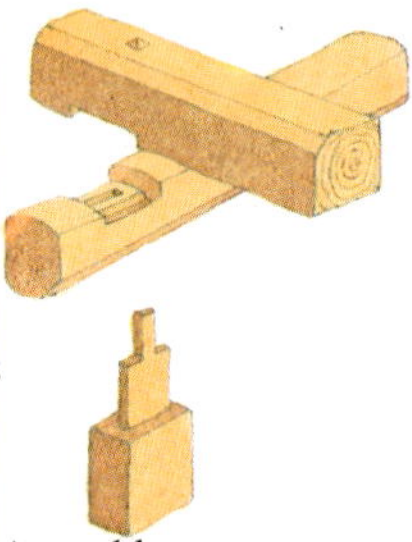

Assemblage des montants de bois.

Différentes positions possibles du tatami.

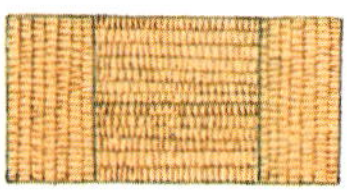

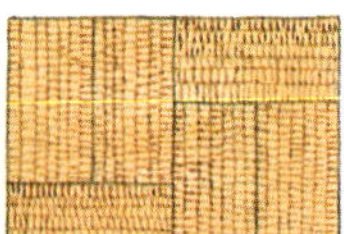

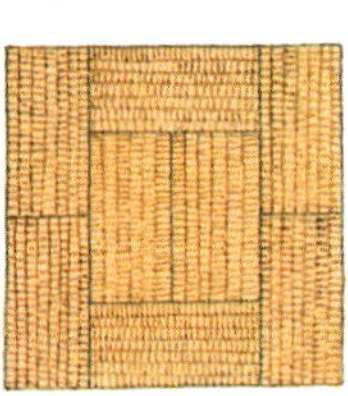

Les proportions de l'espace intérieur sont établies en fonction des dimensions du tatami (1,80 m x 0,90 m).

Tailleurs de pierre.

C'est l'espace habitable proprement dit, où chaque pièce n'ayant pas de mobilier propre constitue un espace transformable à volonté à l'aide de cloisons coulissantes en papier.

Aujourd'hui, la construction de bois a cédé la place aux logements préfabriqués et aux immeubles en béton, mais les grandes caractéristiques de la vie quotidienne ont peu changé. On se déchausse toujours dans l'entrée (genkan) et on s'assied sur des coussins (zabuton) posés sur des tatamis de paille de riz recouverts d'une natte de jonc pour boire le thé vert. Les baignoires sont encore souvent de bois de hinaki (variété de cèdre).

Un village
de pêcheurs
dansant
sous la lune
a l'odeur
du poisson frais.
Shiki (Haïku)

Sur la balustrade
montent les ombres
des chrysanthèmes.
Kyoroku (Haïku)

Les maisons de bois d'Amérique

Assemblage d'angle d'une hutte de rondins.

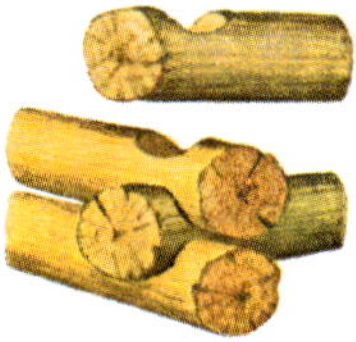

Maison à étage en encorbellement, de la fin du XVIIe s. Son volume et son agencement reflètent les traditions des immigrants tout en gardant un caractère utilitaire.

Les États-Unis et le Canada sont peuplés au XVIIe siècle par les immigrants venus d'Europe. Allemands, Polonais, Anglais, Français, Hollandais ou Irlandais s'installent près des Indiens autochtones comme bûcherons ou commerçants de fourrures.

Adoptant le mode de vie nomade, ils se déplacent au gré des saisons. Durant tout l'hiver, ils parcourent l'intérieur des terres et construisent des camps de rondins.

Parallèlement à ces maisons rudimentaires se développent dans tout le pays des fermes abritant de petites entreprises familiales. Toujours en bois, seul matériau facile à utiliser dans ces régions, simples huttes au début du XVIIe siècle, elles deviennent rapidement plus importantes.

Rue du Far West.

A cette même époque, les bûcherons créent des villages puis des villes au bord des rivières qui constituent un excellent moyen de transport du bois. Chaque printemps, ils font flotter d'immenses radeaux de billes de bois jusqu'à la mer.

Bien que, entièrement en bois, ces maisons à colonnade rappellent l'architecture des temples anciens. Construites de manière à s'adapter aux conditions climatiques, elles sont ventilées par de nombreux panneaux ajourés.

Maìson de planteur.

Les maisons de bois d'Europe

Le grenier scandinave, proche de la maison d'habitation, est plus ouvragé qu'elle. Le rez-de-chaussée sert de remise pour les outils, la nourriture et les vêtements de travail ; l'étage, de chambre pour les domestiques et les filles de la maison. On y range aussi la vaisselle précieuse, les vêtements et le linge finement brodé. Une galerie en fait le tour.

L'isba russe

Entièrement en bois (excellent isolant capable de supporter les lourdes charges de neige et de glace qui s'amoncellent sur le toit pendant les longs mois d'hiver), l'isba traditionnelle a subi peu de modifications. Faite de rondins non équarris couchés et assemblés en croix, recouverte de planches, elle est souvent construite sur des fondations servant de cave.

De plan carré, le rez-de-chaussée se compose de deux parties : une entrée et une pièce d'habitation.

Autrefois, les meubles, les accessoires et même les sièges étaient intégrés à la construction. Au centre, se trouvait le poêle de terre cuite et de faïence sur lequel était posé le lit.

Aujourd'hui, la chambre est souvent à l'étage et le poêle occupe l'angle de la pièce.

La maison scandinave

L'habitation de base se compose d'une pièce carrée et d'une entrée.

Autrefois simple porche ouvert sur l'extérieur, l'entrée, protégeant la pièce principale du froid et des chutes de pluie ou de neige, devient peu à peu plus vaste et enfin, fermée, sert de pièce supplémentaire où sont entreposés les laitages et les provisions.

La pièce principale est à la fois salle commune, cuisine, chambre à coucher et atelier. La maîtresse de maison y tisse l'étoffe nécessaire à la confection des vêtements, des couvertures et des tapisseries. Le poêle trône au centre de la pièce.

Rue de village (Russie).

Scandinaves ou russes, les maisons de bois s'ornent de peintures naïves aux couleurs vives. Les fleurs en sont le thème le plus courant.
Des inscriptions sacrées ou des symboles gravés sur les murs extérieurs devaient protéger la maison et ses habitants des intrus et des mauvais esprits.

Les cases et les greniers d'Afrique noire

Mosquée hérissée de piquets de bois.

Patio décoré en Mauritanie.
Selon la coutume, les décorations intérieures et extérieures sont réservées aux femmes.

Les matériaux de construction utilisés en Afrique noire sont le bois, l'argile, la terre et les végétaux (les palmes). On ne se sert de la pierre, difficile à extraire ou rare, que pour les murs d'enceinte des villages.

Il existe 3 types de maisons :
– les maisons quadrangulaires, avec un toit à deux pentes ou en terrasse de bois;
– les maisons de berger (de simples tentes) ;
– les maisons rondes ou rectangulaires, couvertes de chaume ou d'un toit en terrasse.

Les maisons sont souvent disposées en *concession*, ensemble de plusieurs cases reliées par un muret et formant l'habitat des membres d'une même famille. Les cases sont toutes dispo-

sées autour d'une cour intérieure n'ayant qu'une seule ouverture sur l'extérieur. Elles sont indépendantes les unes des autres et ont une fonction bien définie : l'une est la chambre du mari, l'autre celle de la femme, une sert de cuisine, l'autre de poulailler, une autre encore sert de grenier à grains...

Pour construire une case, on utilise de la terre malaxée avec de l'eau et foulée au pied. Une fois ce mélange obtenu, on modèle un socle sur lequel on entasse des boulettes de terre pour monter les murs.

Les greniers, servant de réserves, sont surélevés afin d'être à l'abri des fortes pluies d'orage. Les murs extérieurs sont recouverts d'un enduit peint de motifs aux couleurs vives.

Mur de pierres au Zimbabwe.

C'était l'aube...
Le petit hameau qui
avait dansé toute
la nuit
s'éveillait peu à peu.
Au son des flûtes de
roseau, les bergers
conduisaient les
troupeaux dans la
vallée, tandis que les
jeunes filles encore
somnolentes se
suivaient sur le sentier
tortueux de la fontaine.
Keita Fodeba

Les murs de cette maison en terrasse du Burkina-Faso sont crépis d'un mélange de terre et d'huile.

La brique d'argile crue chez les Dogons

Les Dogons, habitants du sud du Mali, cultivent le mil, le riz et élèvent du petit bétail. Leurs maisons, faites de briques d'argile crue, ont un toit en terrase et s'ouvrent sur une cour intérieure.

L'urbanisme dogon est très fragmenté : le village des morts surplombe celui des vivants. La maison du chef, la plus décorée, est à l'écart. Les habitations, les greniers communautaires, les autels et la maison ronde des femmes sont disposés selon un plan bien précis.

La maison d'une famille (le mari, ses femmes, ses enfants célibataires) comporte plusieurs niveaux auxquels on accède par des échelles taillées dans de grosses branches ; ces maisons sont construites contre les greniers à grains individuels recouverts de paille.

Les maisons de terre du Yémen

A la limite du désert, les pierres sont rares et les maisons de terre montées à même le sol sans véritables fondations.

Tout en hauteur, se serrant les unes contre les autres, elles comptent souvent cinq étages desservis par un escalier de bois.

De petites fenêtres, peu nombreuses, limitant l'entrée du soleil et de la chaleur, s'ouvrent sur les façades ; les plus hautes sont surmontées d'un percement en demi-cercle orné d'un vitrail. Encadrées de plâtre blanc, elles constituent le seul élément décoratif extérieur.

Décoration extérieure à la chaux.

La chaux et la faïence dans l'habitat islamique

La maçonnerie à la chaux blanche, bleu pâle ou vert pâle, la faïence à motifs floraux et le bois utilisés dans la confection du moucharabieh sont les principaux éléments de décoration.

Sentiment immédiat d'être dans une ville islamique. Quelque chose dans la démarche, les gestes, les rapports, je ne sais pas, – la disparition des femmes. Maisons basses, à ouvertures parcimonieuses. Des portes en ogive inscrites dans des rectangles, quelques céramiques. Voici une mosquée avec son minaret, couvrant une nichée de coupoles basses.

Lorand Gaspar

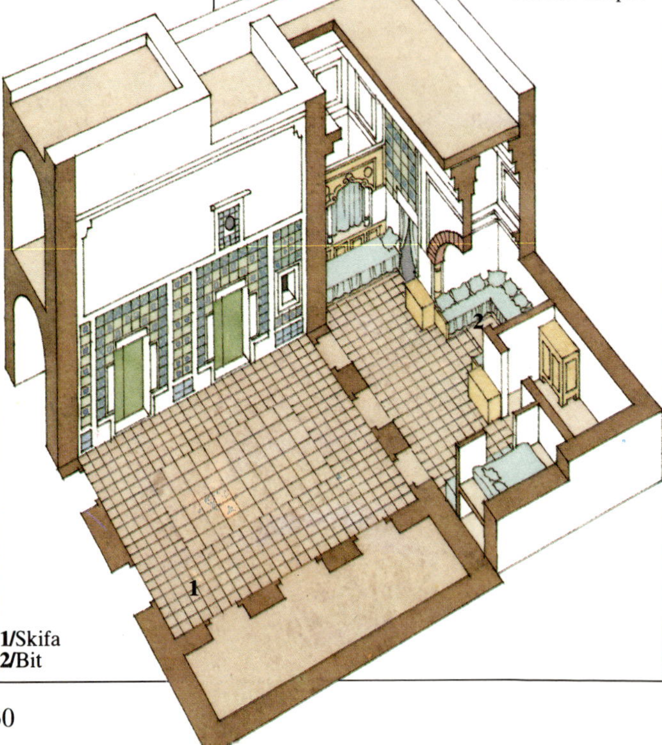

1/Skifa
2/Bit

Ile de Mikonos.

Les maisons sont cubiques et recouvertes de terrasses. Pour atténuer les effets des températures excessives, celles-ci sont peintes à la chaux blanche, l'été, et repeintes en gris avant l'hiver afin, cette fois, de capter au maximum les rayons du soleil. Etant donné l'étroitesse des fenêtres, l'intérieur des habitations est toujours peint en blanc.

Comme l'eau douce manque dans ces îles qui ne possèdent souvent ni source ni puits, chaque terrasse est aménagée de façon à recueillir l'eau de pluie dans de vastes citernes.

Ruelle d'un village des Sporades (Grèce).

Les maisons de terre d'Amérique centrale

Maisons de Touraine, mi-grottes, mi-façades traditionnelles.

Gigantesques ensembles d'habitations de terre pouvant abriter une centaine de familles, les *pueblos* du Nouveau-Mexique aux U.S.A. sont construits dans des anfractuosités, sur des sites choisis en fonction de leur difficulté d'accès afin de pouvoir se soustraire aux attaquants éventuels.

La forme et l'implantation de ces maisons en terrasse sont dictées par la course du soleil de façon à bénéficier d'un ensoleillement maximal en hiver et minimal en été.

Aucun accès entre les différents niveaux n'est prévu à l'intérieur des pièces. Les habitants gagnent les étages par des échelles qu'ils posent contre les façades et qu'ils retirent en cas d'assaut ennemi.

Les maisons troglodytes en Asie Mineure

A l'origine, habitant d'une excavation naturelle, grotte ou caverne, le troglodyte est aujourd'hui un homme vivant dans une demeure aménagée dans la terre ou le roc.

Je fus saisi d'un incroyable étonnement à la vue de quelques anciens monuments de l'autre côté du fleuve (le Kizil Irmak ou Fleuve Rouge, le Halys des Grecs). Je ne puis y penser encore aujourd'hui sans être frappé. Bien que j'aie beaucoup voyagé, je n'ai jamais vu quelque chose de semblable, et n'en ai pas entendu parler : des pyramides, en nombre prodigieux, et de hauteur variée, chacune consistant en un seul roc, creusé de façon à offrir plusieurs appartements, l'un au-dessus de l'autre, avec de belles portes d'entrée et de larges fenêtres donnant sur des pièces bien éclairées.

Paul Lucas, émissaire de Louis XIV

Village de Cappadoce fait de cônes de tuf habités.

Le palais des Falaises (pueblo du parc national de Mesa Verde au Colorado). Les premiers occupants furent sans doute des chasseurs mongols qui émigrèrent il y a 12 000 ans. La cavité protégeant la construction mesure 100 m de large, 20 m de hauteur, 37 m de profondeur. L'ensemble du *pueblo* comportait 200 chambres.

L'Egypte antique

Dans l'Egypte ancienne, on attache peu d'importance à l'habitation.

Diodore de Sicile appelle les demeures des hommes des «hostelleries vu le peu de temps qu'on y séjournait». Seuls les temples, «demeures éternelles», doivent être construits en matériaux durables pour affronter les siècles.

Le bois étant rare mais le sol riche en argile, calcaire et granit, une grande partie de la population vit dans des huttes de roseaux et d'argile. Les Egyptiens construisent cependant des maisons de torchis, ou de briques, faites d'un mélange de paille hachée et de limon puis moulées et séchées au soleil. Les habitations, tout en longueur, sont serrées les unes contre les autres, les pièces en enfilade reçoivent peu d'aération et ne sont pratiquement pas éclairées.

Pour loger les ouvriers des pyramides, on construit des villes entières à proximité des chantiers. Ainsi naît la ville de Kahoun en 1900 avant J.-C. Elle est définitivement désertée, une fois achevée la pyramide du roi Sésostris II.

Si les Egyptiens de la classe moyenne habitent des maisons à un étage, les plus aisés vivent dans des maisons de type oriental construites autour d'une cour intérieure fraîche et fleurie. La classe des dirigeants, quant à elle, habite de riches demeures agrémentées de somptueux jardins.

Peinture murale retraçant le plan d'une maison et de son jardin.
Le damier représente sans doute le potager.

Plan des habitations ouvrières de la ville de Kahoun.

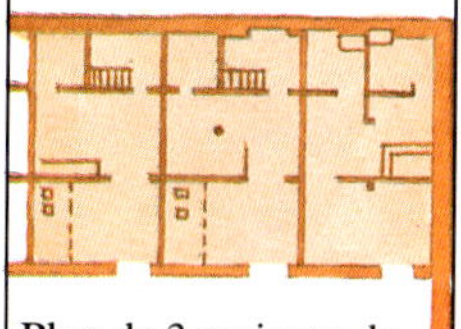

Plan de 3 maisons de torchis accolées.

Plan d'une maison de riches Egyptiens, organisée autour d'une cour intérieure.

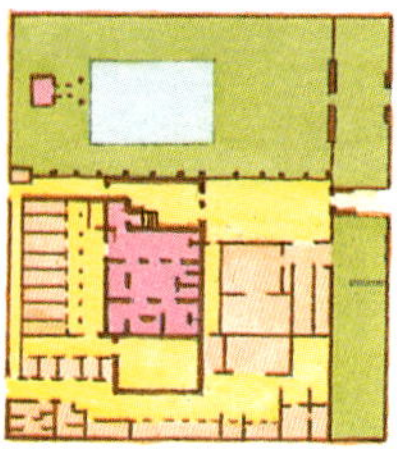

La Grèce ionienne

Temple de Héra Akraia (poterie trouvée dans une sépulture).

Habitations

Rues

Les maisons de la Grèce ionienne, dites à péristyle, font partie d'un urbanisme à plan régulier. Pièces principales et pièces secondaires se groupent autour d'une cour à colonnade.

Les guerres et la colonisation exigent la construction rapide de nouvelles villes. Les Grecs emploient, pour cela, une méthode de planification géométrique où toutes les rues se coupent à angle droit. Les villes ainsi partagées en quartiers de différentes dimensions regroupent des maisons avec ou sans cour intérieure.

Parallèlement à ce genre d'urbanisme, il existe des villes à développement organique, c'est-à-dire sans plan préconçu. C'est le cas de la ville d'Athènes.

Quand les maisons regardent le midi, le soleil pénètre en hiver dans les appartements, tandis qu'en été, il passe au-dessus de nos têtes et nous laisse dans l'ombre.

Platon

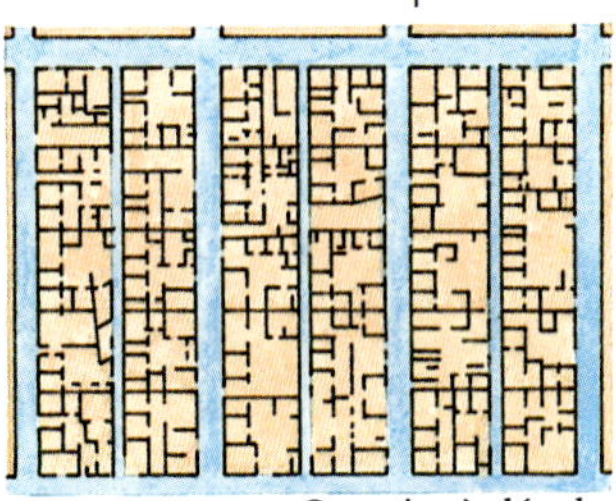

0 40 m

Quartier à développement géométrique (ville d'Olynthe).

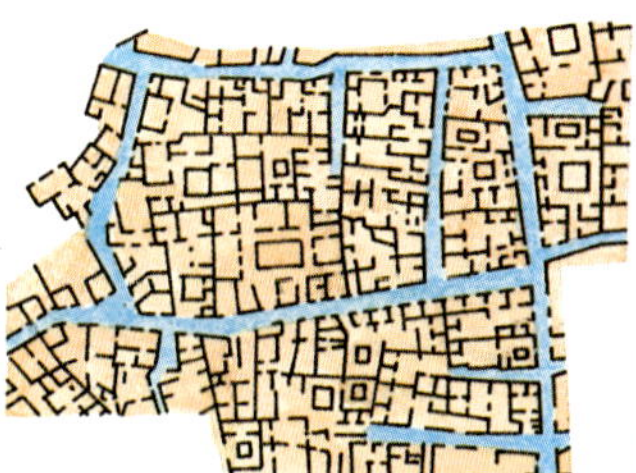

Quartier à développement organique : sans plan préconçu (ville de Délos).

Représentation d'un repas (scène peinte sur une poterie).

Dans les quartiers populaires, les maisons sont petites et constituées d'un seul rez-de-chaussée. Lorsqu'elles ont un étage, on y accède par un escalier extérieur. Les murs sont en bois, en briques creuses ou en gravier pris dans un mortier fait de terre délayée. On raconte que les cambrioleurs d'alors passaient d'une maison à l'autre en s'ouvrant un passage à coups de masse dans les murs.

Dans les quartiers riches, les maisons s'organisent autour d'une cour intérieure avec péristyle et sont recouvertes de tuiles.

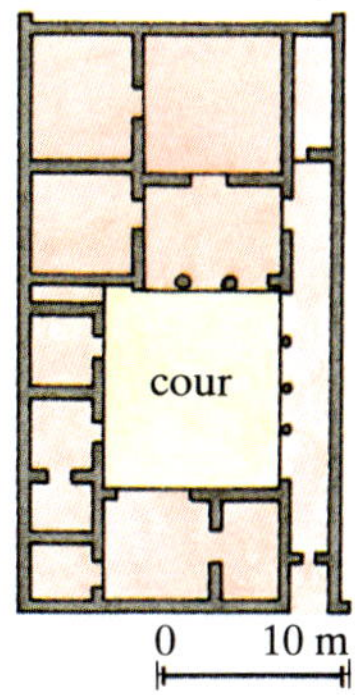

Plan d'une maison à cour.

La Rome impériale

Villa dans la campagne romaine.

1/Pièces à usage domestique
2/Cour, couloirs, portiques
3/Pièces d'habitation
4/Jardin
5/Atrium
6/Impluvium.

Née d'un ensemble de villages bâtis sur les collines entourant la plaine marécageuse du Tibre, Rome s'étend progressivement jusqu'à devenir, au début de notre ère, une ville gigantesque. La maison romaine traditionnelle, composée d'un atrium autour duquel s'ordonnent symétriquement les pièces d'habitation et d'exploitation, possède peu de fenêtres sur la façade extérieure.

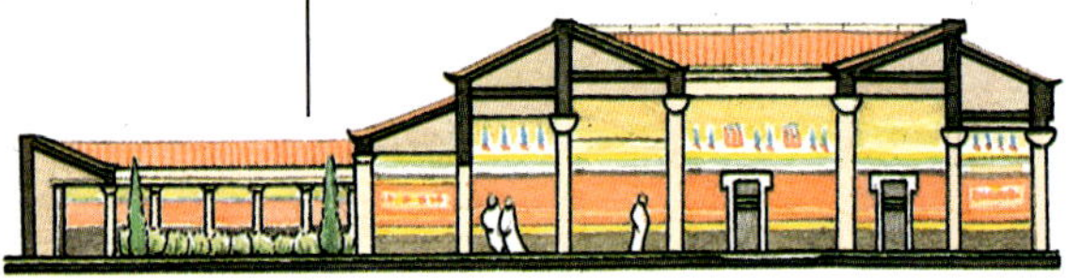

Coupe

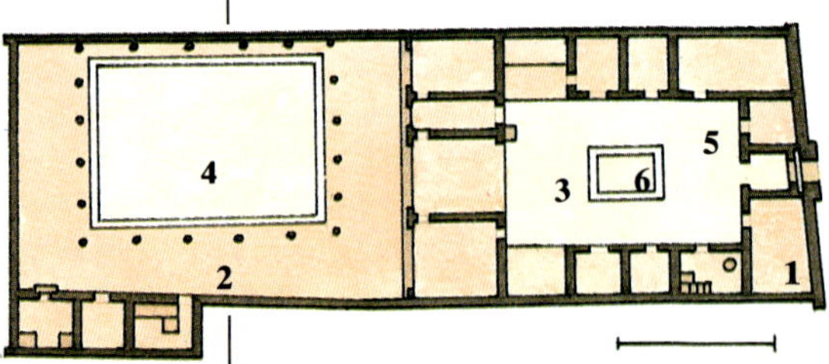

Plan

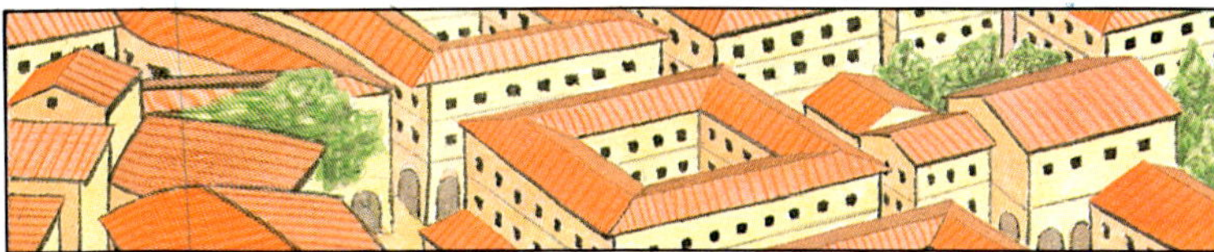

Dans la Rome impériale, la maison individuelle devient un luxe ; une grande partie de la population se regroupe dans de grands immeubles à cour centrale. Leur rez-de-chaussée est occupé par des salles voûtées, ouvertes sur la rue et abritant boutiques et ateliers. Les étages comprennent les habitations d'un grand nombre de familles. Autour de la cour centrale, s'ouvrent écuries et entrepôts. Les riches Romains préfèrent vivre à la campagne. Leur propriété se compose de la demeure (*villa urbana*), de la maison des fermiers (*villa rustica*) et de l'ensemble des bâtiments servant à entreposer les produits de la ferme (*villa fructuaria*).

Les *insulae*, immeubles populaires du centre de Rome, comptent 4 à 7 étages et abritent jusqu'à 20 familles. L'empereur Auguste (début du Ier siècle) limite leur hauteur à 70 pieds (23 mètres environ).

L'habitat rural au Moyen Age

Sur les terres du seigneur travaillent les serfs, véritables esclaves, et les vilains, paysans libres, mais qui, ne possédant bien souvent qu'une petite parcelle de terrain, se louent pour les tâches agricoles. A tous, le seigneur doit protection et justice. Il est seul juge des litiges entre paysans.

A la fin de l'empire carolingien, les grandes villes se dépeuplent. Les habitants fuient les grandes cités trop souvent assiégées et ruinées par les épidémies et les famines.

Les campagnes ne sont guère plus privilégiées. Les grandes invasions ont ravagé les terres cultivées. La France, encore en grande partie recouverte de landes et de forêts, est pauvre et peu sûre. Par souci de sécurité, les familles se regroupent et construisent des villages à proximité du château.

Hiver, vous n'êtes qu'un vilain ;
Eté est plaisant et gentil,
En témoin de Mai et d'Avril
L'accompagnant soir et matin.

Eté revêt champs, bois et fleurs,
De sa livrée de verdure
Et de maintes autres couleurs,
Par l'ordonnance de Nature.

Mais vous, Hiver, trop êtes plein
De neige, vent, pluie et grésil ;
On vous dût bannir en exil.
Sans vous flatter, je parle franc,
Hiver, vous n'êtes qu'un vilain !

Charles d'Orléans

Four à pain communautaire.

La société du Moyen Age est très hiérarchisée. La terre est la seule richesse durable. Elle appartient en grande partie au seigneur.

La maison d'une famille paysanne est constituée d'une pièce unique.

Une table, des bancs, quelques paillasses et un foyer, souvent dans un angle, en sont le seul ameublement. Il arrive que cette maison soit également l'abri des animaux qui ne sont alors séparés des habitants que par une simple cloison de bois. Pour cuire le pain, un four commun sert à tout le village.

Différentes activités de la vie rurale.

Les fenêtres, peu nombreuses, étaient fermées par des planches ou des tissus, le verre rare et très cher étant réservé à la confection des vitraux d'église.

Le Moyen Age dans les villes

On les voit, les maisons,
S'ouvrir au chant du merle
Qui détache les perles
Au cour de leur blason ;
On les voit, les maisons,
Saluer à l'ancienne
Et battre des persiennes
Pour la conversation.
Voilées de fines grilles.
Les maisons d'autrefois,
Les maisons de famille
Nous font signe du toit.

Jean Desmeuzes

Au Moyen Age, apparaît l'art gothique, ou art ogival, qui résout par une technique aboutie le problème des voûtes et de leur équilibre et permet la construction de plus vastes cathédrales. A la même époque, châteaux forts et maisons se transforment et se caractérisent désormais par des fenêtres délicatement sculptées, des toits pointus, des tours d'angle et des colombages. C'est au début du XIIe siècle qu'apparaissent les premières habitations gothiques. Les matériaux de construction sont alors la pierre taillée et le bois sculpté. Ces procédés se superposent : la pierre au rez-de-chaussée, le bois pour les étages.

Enseignes de commerçants (peintes sur bois).

La population s'accroît et les logements deviennent insuffisants. La ville restant confinée dans ses murs, il faut trouver de nouveaux espaces. Les rues étant très étroites, les maisons en vis-à-vis se touchent presque au niveau du dernier étage et des encorbellements apparaissent. Les fenêtres en étage doublent de surface pour capter le maximum de lumière.

Toujours en travaux
Tes rues, tes trottoirs,
Et je te creuse et je te comble,
Et je recreuse au même endroit.
Et je remue et je rebouche...

Guillevic

Du XIIIe au XVe siècle, l'industrie et le commerce évoluent. Les croisés rapportent de leurs expéditions des techniques et des produits inconnus ou inusités qui vont transformer l'habitat : l'escalier à vis et le verre aux fenêtres. Des volets de bois plein, des étoffes transparentes, des peaux tendues ou des papiers toilés étaient jusque-là les seules façons de protéger les fenêtres.

Le verre ne sera utilisé dans les demeures des riches bourgeois, et pour les pièces de réception exclusivement, qu'au retour des croisés qui l'avaient vu employer communément chez les musulmans.

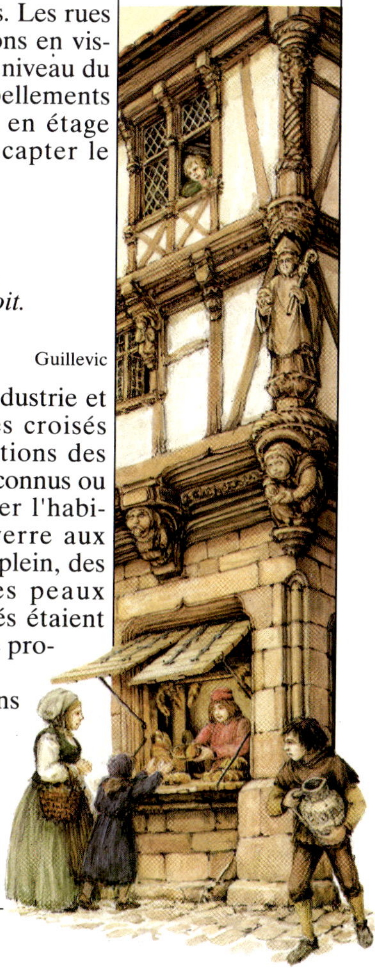

Les maisons sur les ponts

Le Ponte Vecchio, sur l'Arno, à Florence, date de 1345. Tanneurs, bouchers, marchands de toile ou de légumes et forgerons y tiennent boutique jusqu'à ce que Ferdinand Ier décide en 1593 de les évincer et de relouer les boutiques à des orfèvres et à des joailliers.

Au Moyen Age, des maisons de deux ou trois étages s'élèvent sur les ponts. Ateliers et échoppes s'étendent de part et d'autre d'une rue centrale, fermée à chaque extrémité par une porte. Un péage est prélevé sur toute marchandise transitant par le pont.

Les maisons du pont Marie sont entièrement en bois. Peu solides, vingt-deux d'entre elles s'écroulent lors du dégel de l'hiver 1658.

Les 68 maisons du pont Notre-Dame sont sculptées et numérotées dès 1436.

Le pont Saint-Michel est le moins robuste. A deux reprises, en 1407 et 1616, il est emporté par les glaces que charrie la Seine.

Henri IV s'oppose à la construction de maisons sur le Pont-Neuf, pour ne pas cacher la vue du Louvre. Merciers, marchands d'onguents et arracheurs de dents y installent des échoppes portatives. Si, le jour, jongleurs, bateleurs et chanteurs s'y pressent entourés de nombreux badauds, le soir, brigands et coupe-bourses y règnent.

Le 7 septembre 1785, un édit promulgué par Louis XVI ordonne la démolition de toutes les maisons construites sur les ponts afin de libérer l'espace pour la clrculation.

La maison de maître

Habitation principale entourée des bâtiments de la ferme.

L'architecture traditionnelle des maisons rurales et bourgeoises, dites maisons de maître, traverse l'histoire du XVe au XIXe siècle.

On retrouve les mêmes particularités de construction à travers toute l'Europe bien que leurs auteurs aient été des architectes locaux. Des bâtiments de ferme construits en terre et fréquemment consolidés entourent la maison qui doit avoir belle allure tout en gardant un plan rectangulaire rigoureux.

Une toiture de tuiles ou d'ardoises, dont la forme varie sensiblement selon les exigences du climat, coiffe un volume simple et massif.

Les murs sont en pierre de taille, en moellon – bloc de pierre irrégulier – plus léger et plus maniable, ou en brique.

Maison du Poitou.

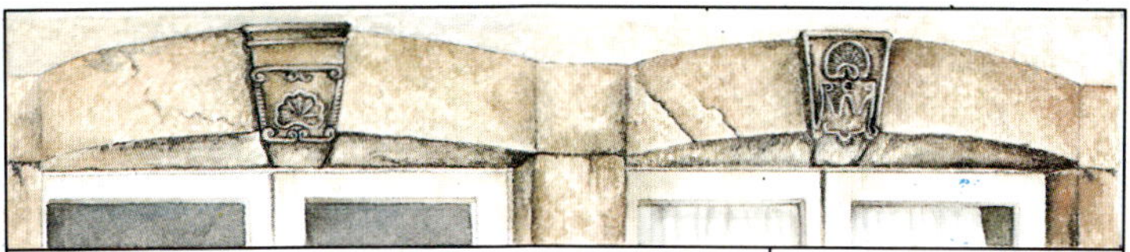

Sculpture florale des linteaux de fenêtre.

Le choix, le nombre et la taille des ouvertures sont fonction de l'ensoleillement et de l'intensité des pluies qui arrosent la région. Au Moyen Age, on ne connaît que les châssis ouvrant par un seul ventail tendu de toile cirée ou de papier huilé. La vitre apparaît au XVIIIe siècle, précédée par de rares fenêtres de faible dimension agrémentées de petites pièces de verre coloré, les vitraux.

Une pierre sculptée dans le linteau au-dessus de la porte de la maison de maître marque souvent les convictions idéologiques ou religieuses de ses occupants.

Longtemps, la cheminée a été le seul mode de chauffage.

Pour honorer une odeur de fumée
soudainement remontée d'entre les
pierres,
une odeur de sarment
venue des cheminées
d'une enfance lointaine, loin d'ici,
sur ce bateau où j'avance,
bâti sur la pierre ferme
en pierre ouvragée,
île de pierre dans l'azur,
qui appareille par le grand vent,
immobile...

André Frénaud

Les seigneuries

Ayez d'abord
une maison,
une femme et
un bœuf de labour...
et dans la maison
préparez tous
les instruments
qu'il faut
afin de ne pas avoir
à les demander
à un autre.
Hésiode

Les seigneuries sont les maisons des riches marchands de fourrures du nord de la Grèce. De style baroque influencé par l'art de Constantinople, cet habitat fortifié des XVIIe et XVIIIe siècles est synonyme de confort et de sécurité.

Composées d'un soubassement en pierre appelé tronc, surélevées d'un ou de plusieurs étages de bois légèrement

Boiserie peinte.

plus larges constituant une avancée soutenue par d'élégants arceaux de bois, les seigneuries sont couvertes d'un toit de tuiles de faible pente.

Vitres lavées. Soleil d'hiver.
Grande transparence...
Dans le miroir,
une fenêtre à l'envers,
avec du ciel seulement.

Yannis Ritsos

Le tronc est la principale zone défensive de la maison. Les murs atteignent parfois un mètre d'épaisseur, protégeant au rez-de-chaussée le puits et les pièces destinées au stockage de la nourriture, du vin et des munitions.

A l'entresol, se trouvent les chambres d'hiver, équipées de somptueuses cheminées et éclairées par de petites ouvertures grillagées. Ce niveau offre à la fois une protection contre le froid et contre les ennemis; il est la résidence d'hiver des habitants.

L'étage supérieur, avec ses façades entièrement vitrées pour laisser pénétrer le maximum de soleil, constitue la résidence d'été et regroupe les pièces de réception.

Décorées de boiseries et de peintures murales sur toute leur hauteur, meublées de confortables sofas, ces pièces sont le siège de fêtes somptueuses données par le maître de maison. Les femmes n'y étant pas admises, elles doivent se contenter d'observer les réjouissances à travers un judas.

Les petites fenêtres de coratine (vitrail), placées au-dessus des grandes fenêtres de l'étage supérieur, permettaient aux rayons du soleil de pénétrer le plus loin possible à l'intérieur des pièces.

La ville de Kastoria est un grand musée de l'art byzantin et de la réalisation laïque.
S. Pelecanidis

La pierre

L'utilisation de la pierre comme matériau de construction remonte loin dans l'histoire de l'habitat puisque, déjà, les villages du néolithique en usaient, les pyramides égyptiennes et incas, les châteaux forts du Moyen Age, les cathédrales gothiques, les palais de la Renaissance italienne ou française…

Place Dauphine, vue du Pont-Neuf, XVIIe siècle.

Les murs étaient réalisés, le plus souvent, en pierre de taille – du fait de sa solidité et de son coût moins élevé dans les contrées où elle est répandue – et en moellon. Plâtre ou mortier de chaux soudaient ces maçonneries, remplacés, depuis le début du siècle, par le ciment, appelé aussi ciment « romain ».

Une pierre de taille forme un parallélépipède solide, net et d'un usage assez courant, qui nécessite, lorsqu'elle est volumineuse, des appareils de levage spécifiques. Le moellon, quant à lui, est constitué d'une pierre laissée plus ou moins brute et assez petite pour être maniée par un ou deux hommes. Seule la partie visible, le parement, reçoit une taille un peu soignée.

Il y a deux modes de taille des parements : celui pour lequel on emploie un marteau à taillant droit, appelé souvent laye, et celui où l'on fait usage du ciseau et du maillet. Le premier est réservé aux pierres tendres, le second aux dures.

Ces maçonneries étaient encadrées par des nervures en pierre de taille ou des nervures de briques placées à tous les endroits sensibles de la maison.

Les murs dits composites mêlent la pierre à la brique apparente. Ce sont les édifices « style Louis XIII » qui connurent, effectivement, une grande vogue sous le règne de ce roi.

Enduit sur moellons
pierres de taille
enduit

Moellons apparents
pierres de taille
moellons

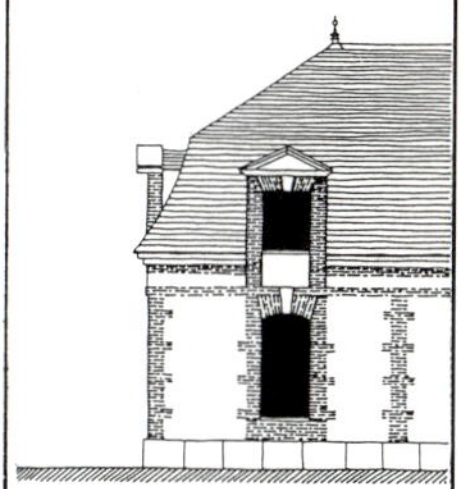

Mur composite
enduit
briques

Les façades à pignon en Hollande

Amsterdam regroupe une centaine d'îlots entourés de canaux bordés d'arbres et de maisons sur pilotis. Autrefois, on calculait le montant des impôts en fonction de la largeur de la façade donnant sur le canal. Cela explique l'étroitesse des maisons.

Les maisons de Lubeck, d'Amsterdam ou de Gdansk, comme celles de nombreuses villes d'Europe du Nord, se caractérisent par leurs façades, dites façades à pignon.

Le marchand du XVIe siècle ne vit pas dans des palais mais dans de simples maisons dont seule la façade traduit la richesse des propriétaires.

A l'origine, les maisons étaient en bois mais à la suite des incendies répétés qui anéantissaient des quartiers entiers, la brique devient le seul maté-

riau de construction autorisé. Souvent apparente, quelquefois peinte ou enduite, elle met toujours en valeur de subtils motifs géométriques. Ceux-ci se composent de petites arcades et d'ouvertures toujours symétriques.

La partie haute du pignon est généralement bordée de créneaux ou de redents couverts de tuiles et est surmontée d'une girouette axée sur le milieu de la façade.

La Petite-Place de Prague bordée de maisons à arcades.

Coupe d'une maison hollandaise.
La toiture, très en pente, abrite de vastes combles.

La brique

Par une fenêtre
jaune d'or
Entre la pomme
et l'ananas
L'insecte
et le poisson
L'oiseau et l'ombre.
Robert Desnos

Afin de remplacer la pierre naturelle parfois difficile à extraire, dès la plus haute antiquité, en Chaldée et en Assyrie, l'homme fabrique des briques crues simplement séchées au soleil, car l'argile imprégnée d'eau se laisse facilement modeler.

La brique émaillée apparaît vers le Ier millénaire avant J.-C. Les briques cuites sont employées au Moyen Age dans l'architecture religieuse, surtout dans le sud-ouest de la France et en Allemagne du Nord.

Autrefois faites d'argile malaxée, façonnées dans des moules de bois et cuites à la volée, c'est-à-dire empilées en tas, les briques sont aujourd'hui de fabrication industrielle.

Il y a plusieurs types de briques :
- les briques à parement pour la réalisation d'une façade ;
- les briques de remplissage, plus ordinaires et moins régulières de forme, utilisées pour monter les murs derrière le mur de parement ;
- les briques creuses, plus légères, employées pour créer des parois. Le matelas d'air qui est emprisonné dans la brique constitue un excellent isolant contre la température extérieure ;
- les briques décoratives, par leur dimension, leur forme et leur texture, permettant de composer des dessins et des décorations moulurées.

Faisant jouer le camaïeu de ses diverses teintes ou, émaillée, s'alliant à la faïence, la brique permet des décorations dignes de la tapisserie. Les constructions associant différents matériaux vont connaître au XIXe s. un grand essor.

Les immeubles du XIXe siècle

Façade arrière d'un immeuble du XIXe siècle aux Etats-Unis (escalier extérieur et sortie de secours).

Le XIXe siècle est le théâtre d'une grande révolution économique et sociale : de nouveaux quartiers d'habitation se créent à proximité des usines et les villes s'étendent sous l'impulsion du commerce qui se développe parallèlement.

La gare devient un pôle important de la vie de la cité. Elle permet le départ et l'arrivée des matières premières et des produits manufacturés. Napoléon III et Haussmann modèlent un Paris nouveau, traversé de vastes boulevards, qui servira d'exemple aux autres capitales d'Europe.

Les immeubles de pierre du XIXe siècle se distinguent peu les uns des autres. Ils sont couverts de toits de zinc peuplés d'une multitude de cheminées.

Dès 1805, un système rigoureux de numérotation des habitations est instauré à Paris. Pour échapper à l'étroitesse des rues du Moyen Age, la hauteur maximale des immeubles est réglementée : elle est calculée en fonction de la largeur de la rue le long de laquelle s'élève la construction. Cette méthode, appelée *prospect*, est encore utilisée aujourd'hui.

Les marches sont
en bois, rongées
par l'eau de Javel,
et les étages
sentent la soupe,
le silence. Là
on entend les clés
dans le couloir,
le pas des nouveaux
locataires,
l'eau qui circule
dans les murs.
Une ampoule éclaire
la scène : la rampe
de l'escalier,
le vide, les fenêtres
ouvertes
sur l'impasse,
et les cris éloignés
du début
de l'après-midi ...

D. Grandmont

Dans les rues parallèles à la Seine, les numéros en suivent le cours, les nombres pairs à droite, les numéros impairs à gauche. Dans les rues perpendiculaires à la Seine, le même ordre doit être observé en partant du rivage.

Coupe d'un immeuble parisien du XIXe s.
Le niveau de vie de ses occupants varie selon les étages : du 1er étage où habitent les familles les plus riches, aux chambres sous les toits qui abritent une population très défavorisée.

La maison à loyer de première classe doit comporter des cariatides représentant des personnages engainés qui montrent toute la partie supérieure du corps ; celle de deuxième classe laisse passer le buste seulement ; pour la troisième classe, et naturellement pour celles qui suivent, la statuaire disparaît au profit d'ornements plus économiques.

Le béton armé

Escalier menant
à son atelier.

Le fait de pouvoir créer des pierres moulées de n'importe quelle forme, capables de résister à des tensions, et partant supérieures aux matérieux naturels, a en soi quelque chose de magique.

P. L. Nervi

Considéré comme le père de l'architecture moderne française, Auguste Perret naît en 1874, à Bruxelles, où son père, entrepreneur, s'est réfugié après la Commune de Paris.

C'est à seize ans qu'il construit sa première maison, près de Dieppe, avant d'entrer aux Beaux-Arts pour reprendre les affaires paternelles.

Les villes sont hétéronymes
ici pas de rue de Paris
à Nîmes pas de rue de Nîmes
les villes sont hétéronymes

R. Queneau

Très tôt, il utilise le béton armé, fait de béton et d'acier. Dans un moule de planches, ou coffrage, on verse le mélange de ciment, d'eau, de sable et de gravier autour d'une armature métallique faite de tiges rondes en acier. Tout en restant attaché aux normes classiques et à la prédominance de la structure, il expérimente toutes les possibilités de ce nouveau matériau. Prônant l'efficacité, il monte un de ses immeubles à l'aide de panneaux préfabriqués standardisés, de la hauteur d'un étage.

Le béton, qui est à la fois un matériau et un système de construction, remplace de nos jours, de plus en plus, toutes les constructions ordinaires de maçonnerie et permet par sa souplesse des réalisations plus audacieuses.

Les H.L.M.

La disposition des immeubles, ainsi que leur hauteur régie par la règle des *prospects*, tient désormais compte de l'ensoleillement. Préfabrication, emploi systématique de produits industriels (béton, verre et poutrelles métalliques) : ainsi naît une forme d'architecture moderne, caractéristique des villes nouvelles, qui survivra jusque dans les années soixante-dix.

Aujourd'hui, l'élaboration de trop grands programmes est abandonnée.

Les architectes et les urbanistes cherchent à améliorer le mode de vie des habitants, à favoriser les lieux et les occasions de rencontres et à créer des activités au sein même de ces cités.

Les grands ensembles regroupent non seulement des logements dits économiques, mais aussi un centre commercial, un centre culturel, une école et souvent une église. Ainsi Sarcelles, près de Paris, compte 30 000 habitants.

Le XXe siècle

La villa Savoye
à Poissy (Yvelines),
1929-1931.

Charles Edouard Jeanneret, connu sous le nom de Le Corbusier, est sans nul doute l'architecte qui a le plus influencé son époque.

Né à La Chaux-de-Fonds en 1897, il s'installe définitivement à Paris et entre à l'entreprise d'Auguste Perret, «Perret frères béton armé», en 1908. A ses côtés, il apprend la maîtrise du béton armé. Il séjournera longuement à Berlin, où il rencontrera Mies van der Rohe et Gropius, puis plusieurs mois en Grèce.

Une simple maison
peut avoir
la beauté
d'un palais,
mais un palais
doit toujours être
aussi habitable
qu'une simple maison.
Le Corbusier

Toute sa vie, il défendra une même idée fondamentale : l'adaptation de l'architecture au nouveau mode de vie de ses contemporains et la meilleure utilisation des techniques modernes de construction.

Fauteuil de Breuer

Plus les immeubles sont hauts et plus les surfaces au sol peuvent accueillir d'espaces collectifs, d'aires de jeu, de jardins, de lacs artificiels ou de salles de spectacles.

En 1925, il construit le pavillon de l'Esprit nouveau pour l'Exposition des arts décoratifs.

A travers toute l'œuvre de Le Corbusier, on retrouve les mêmes principes :
– la maison ou l'immeuble sont sur pilotis, le jardin passant sous la construction ;
– le toit est une terrasse souvent jardinée ;
– les cloisons sont différemment disposées selon les besoins des habitants de chaque appartement.

Dès 1925, Le Corbusier, comme d'autres architectes contemporains, dessine des meubles, et plus spécialement des sièges, utilisant le tube chromé, le cuir ou la paille tressée.

La simplicité organique à laquelle nous devons atteindre est une nouvelle simplicité de l'univers.
F. L. Wright

Ce que l'homme fait,
la nature
ne peut le faire,
bien que l'homme
ait recourt,
pour le faire,
à toutes les lois
de la nature.
Louis Kahn

Franck Lloyd Wright, précurseur du mouvement moderne et grand maître de l'Art nouveau américain des années vingt, est le créateur de l'architecture des *maisons de la prairie*.

Ses préocupations fondamentales sont l'intégration de la maison dans son environnement, la fluidité et la diversité des espaces.

La Maison sur la cascade, construite en 1936, est une architecture délicate, vivant au rythme des saisons et dont les lignes horizontales, diagonales et verticales s'allient harmonieusement pour créer des jeux de volume qui s'intègrent parfaitement au site.

La Maison sur la cascade, à Bearn run (Pennsylvanie), prend appui sur la colline et domine une chute d'eau.

Dans la maison endormie en cette aube,
la lumière qui erre à l'étage du haut
ressemble à une étoile oubliée par la nuit.
Nazim Hikmet

La maison ronde, de plan circulaire, est ouverte sur toute sa hauteur d'une entaille qui laisse filtrer la lumière du jour.

L'architecture de Mario Botta est faite de volumes simples, purs et dépouillés. Ses maisons sont insolites et concues pour être posées dans un paysage, comme repliées sur elles-mêmes. Elles peuvent s'apparenter à des châteaux forts et des tours médiévales ou évoquer des vaisseaux spatiaux.

Oser
et faire du bruit
Tout est couleur
mouvement
explosion lumière
La vie fleurit
aux fenêtres du soleil
Blaise Cendrars

Les principaux matériaux employés par M. Botta sont le parpaing enduit et le béton brut.

L'architecture est l'ordre, la sincérité,
la rigueur et la beauté.
Mies van der Rohe

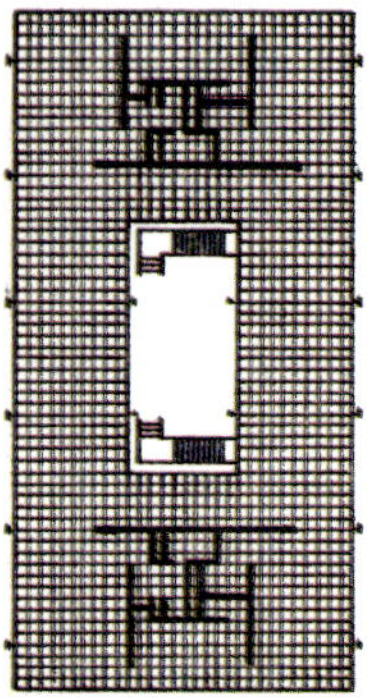

Mies van der Rohe instaure la trame, quadrillage sur lequel il dessine ses espaces.

Mies van der Rohe, fils de maçon allemand, professeur à la faculté d'architecture de l'Institut de technologie de l'Illinois, à Chicago, aux Etats-Unis, donne une orientation décisive à l'architecture moderne.

Il enseigne la pureté des lignes, l'élégance des formes et privilégie les revêtements légers. Mais, surtout, il fait disparaître totalement les ornements. Pour lui, plus une architecture est simple, plus elle est belle.

La brique et le verre servent ses constructions, d'une simplicité extrême, tandis que l'acier est le seul matériau utilisé pour l'ossature des bâtiments.